ORGANISATION

DU

SUFFRAGE UNIVERSEL

OU

ESSAI SUR LE PROJET DE LOI ÉLECTORALE

pour

les Élections soit politiques, soit départementales
et municipales

PAR

UN ÉLECTEUR SINCÈREMENT DÉVOUÉ A SON PAYS

La critique est aisée,
Mais l'art est difficile.

BORDEAUX

IMPRIMERIE GÉNÉRALE D'ÉMILE CRUGY

16, rue et hôtel Saint-Siméon, 16

1874

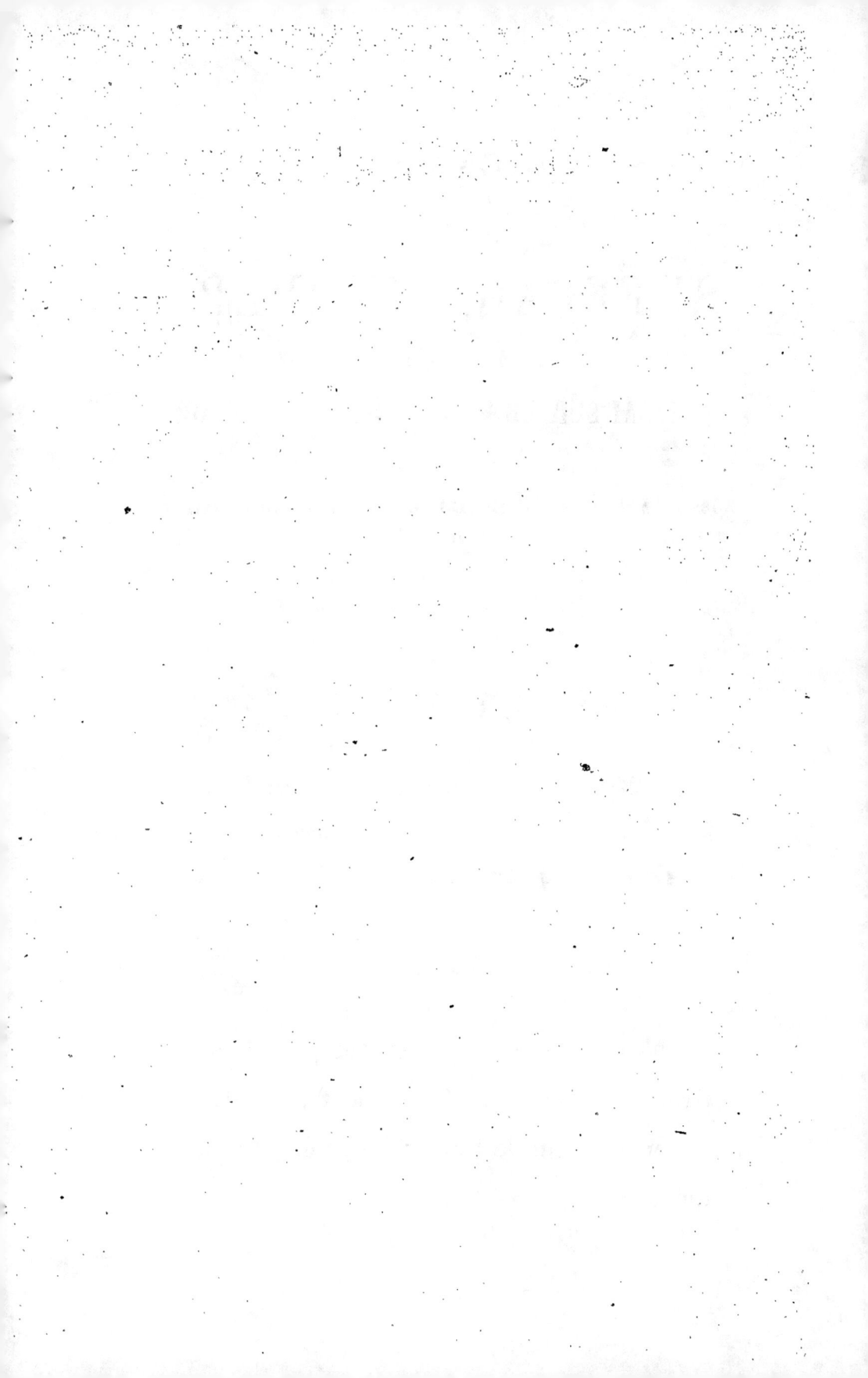

ORGANISATION

DU

SUFFRAGE UNIVERSEL

OU

ESSAI SUR LE PROJET DE LOI ÉLECTORALE

pour

les Élections soit politiques, soit départementales et municipales

---

A Monsieur le Président de la République
A Messieurs les Ministres
A Monsieur le Président de l'Assemblée nationale
A Monsieur le Président de la Commission des Trente
A Messieurs les Députés à l'Assemblée nationale
A VERSAILLES

Une des plus grandes et des plus difficiles questions à résoudre dans le moment présent, c'est certainement pour la France l'organisation du suffrage universel.

Déjà un grand nombre d'excellents esprits et plusieurs écrivains des plus distingués se sont efforcés de dénouer cette sorte de nœud gordien sans y avoir réussi d'une manière assez satisfaisante, au moins jusqu'à présent.

La Commission des Trente, avec sa haute compétence, a cherché elle-même un moyen simple et efficace de faire représenter les *intérêts* dans les élections politiques. Et, après avoir délibéré pendant longtemps, elle a déclaré, par l'organe de son honorable président, M. Batbie, que, malgré qu'elle reconnaisse la *légitimité* du principe de la représentation des intérêts, elle n'a pu trouver le moyen de résoudre cette difficile question.

C'est donc, en pareille circonstance, faire appel en quelque sorte à tous les citoyens qui ont souci du bien de leur pays, de communiquer leurs idées — quelque minces qu'elles soient — sur cette question capitale.

Or, c'est cette pensée qui m'a déterminé à me hasarder de publier ce qui, depuis quelque temps, a absorbé mes plus constantes réflexions.

Je commence donc par déclarer que le suffrage universel, tel qu'il a été pratiqué jusqu'à ce jour, me paraît pécher essentiellement par sa base ; car, par un suffrage universel bien compris, tous les droits et tous les intérêts des citoyens devraient être représentés d'une manière équitable. Or, d'après le suffrage universel actuel, il n'y a de véritablement représenté que les personnes comme citoyens ; attendu que c'est la masse de ceux qui possèdent peu ou rien du tout, et en même temps les moins aptes par leur manque d'instruction, qui sont appelés à représenter les grands intérêts de la nation et à décider les questions les plus importantes et les plus ardues, qui, souvent, embarrassent les diplomates et les hommes d'Etat les plus consommés.

Cependant, il n'est pas moins juste que rationnel que ce soient les ayants-droit qui aient le soin de sauvegarder eux-mêmes leurs propres intérêts sous le rapport politique, comme ils les représentent déjà sous le rapport civil ; car, sous le rapport civil, ce ne sont pas ceux qui ne possèdent rien qui supportent les impôts et les autres charges de ceux qui possèdent.

Il est donc de toute justice que ceux qui supportent la plus grande partie des charges de l'État aient des droits en proportion de l'importance des sacrifices qui leur sont imposés.

Et, d'ailleurs, les intérêts à sauvegarder sous le rapport politique ont une importance infiniment plus grande que sous le rapport civil, car, sous le rapport civil, chaque ayant-droit n'a à protéger que sa fortune particulière, tandis que, sous le rapport politique, il y a à sauvegarder les grands intérêts du pays.

La raison donc comme la justice s'accordent à reconnaître que les intérêts doivent être représentés par les ayants-droit, et, autant que possible, selon leur importance relative.

Mais, comme il serait d'une extrême difficulté de faire représenter les intérêts par chaque ayant-droit *individuellement*, il y aurait plus de facilité, pour arriver au même résultat, de les faire représenter *collectivement* par les diverses catégories d'électeurs.

Voici, en effet, ce qui paraît non moins praticable que juste :

Le système que je propose consisterait à prendre

le rôle des contributions qui indique dans quelle mesure chaque citoyen contribue aux charges de l'État; ce qui deviendrait par là même la base la plus indiscutable du suffrage universel.

Or, d'après ces charges, on ferait trois catégories d'électeurs.

La première catégorie serait composée des plus forts contribuables, à partir, par exemple, de 500 fr. d'impôts et au-dessus. Les hauts fonctionnaires qui ne paieraient pas 500 fr. appartiendraient à cette catégorie.

La deuxième catégorie se formerait des contribuables intermédiaires, à partir de 100 fr. jusqu'à 500 fr. Dans cette catégorie seraient compris les fonctionnaires du second ordre et les capacités intellectuelles qui ne paieraient pas le minimum de 100 fr.

La troisième catégorie, enfin, serait composée des contribuables qui paient 100 fr. et au-dessous jusqu'à zéro, et même de ceux dont le nom ne figure pas au rôle des contributions, pourvu cependant qu'ils n'aient pas déjà subi de condamnation pour quelque crime ou délit, et que, d'un autre côté, chaque électeur ait vingt-cinq ans révolus, attendu que jusqu'à cet âge tout français valide appartient à l'armée, dont on doit éloigner, autant que possible, les questions politiques qui ne divisent que trop les esprits, pour y faire vivre l'esprit d'union et la discipline qui font le nerf et la puissance d'une armée ; et un an de domicile dans le lieu qu'il habite, afin qu'il soit bien constaté qu'il n'appartient pas à cette caste nomade qu'on rencontre partout et qui ne tient à rien, pas plus à son pays qu'à autre chose.

Les fonctionnaires publics voteront dans la localité où ils exercent leurs fonctions, quel que soit le temps de leur résidence.

Cependant, dans les communes qui comptent moins de trois mille habitants, les chiffres de l'impôt devront être abaissés pour chaque catégorie. Ainsi, 200 fr. et au-dessus pour la première catégorie, et 50 à 200 fr. pour la seconde, paraissent suffisants. Pour la troisième, ce serait de 50 fr. en descendant jusqu'à zéro.

Et qu'on ne dise pas que je cherche à restreindre le suffrage universel direct ; car non-seulement je le maintiens direct, attendu que je repousse les élections à deux et à trois degrés qui ne seraient, au résultat, qu'une délégation; mais, au besoin, je proposerais un système électoral plus étendu que celui qui existe, et surtout plus juste et plus rationnel; car si ce ne devait occasionner une petite complication à mon système électoral, qui est si simple, je l'étendrai encore à une autre sorte de contribuables. Mais, pour ce motif, j'hésite à le proposer.

Les femmes veuves, en effet, qui n'ont pas de fils majeur, ainsi que les femmes célibataires dont le nom figure au rôle des contributions, auraient le droit aussi, ce me semble, de se faire représenter dans les élections par un délégué qui justifierait de sa mission par une procuration passée soit devant le juge de paix du canton, soit devant le maire de la commune.

Les droits de la femme, en pareille circonstance, ne sont pas moins respectables que ceux des autres contribuables, car, du moment qu'elle supporte comme les autres sa part des charges de l'État, elle a droit aussi à la même compensation. Et si elle ne peut pas par elle-même sauvegarder ses intérêts, il serait d'une bonne justice qu'elle pût les faire représenter par son fondé de pouvoirs, comme cela existe déjà pour les intérêts civils : la femme est représentée par le mari, les enfants par le père, les mineurs et les interdits par le tuteur ou le conseil judiciaire. Le chiffre de l'impôt que paierait la femme indiquerait à quelle catégorie d'électeurs appartiendrait le délégué.

Et pour répondre à une objection qui a été faite à la Commission des Trente, mais qui est plus spécieuse que réelle, je dirai que le *classement* des intérêts, représentés selon leur importance par les ayants-droit, n'a rien de *blessant* pour personne.

Car la loi reconnaît déjà des classements entre citoyens, et ces classements ont lieu précisément à raison du chiffre de la fortune de chacun.

Prenons, en effet, le rôle des contributions, et nous y verrons un classement, non pas en trois catégories, mais, en vérité, en autant de catégories que le chiffre des impôts varie entre les contribuables. Mais si les impôts sont plus élevés à mesure que la fortune est plus grande, n'est-il pas aussi de toute justice que ceux qui supportent une plus grande part des charges

de l'État aient droit à une compensation proportionnée?
— A moins qu'on ne prétende qu'il est plus juste que
les uns supportent les charges et que les autres en
aient les avantages. Mais pas un esprit sensé n'osera
le prétendre.

Et c'est si vrai, que lorsqu'un Conseil municipal a à
voter un impôt extraordinaire, la loi veut que les *plus
forts* imposés soient appelés à en délibérer. La loi reconnaît donc qu'il y a des plus fort imposés, et par là
même des moins imposés. Et pourquoi la loi veut-elle
que ce soit les plus forts contribuables qui soient appelés de préférence à prendre part à ces délibérations?

C'est assurément parce que, ayant de plus grands
intérêts à sauvegarder, le législateur a cru juste de les
faire représenter par les ayants-droit eux-mêmes.

Donc, d'après la loi, il existe déjà des catégories
entre citoyens à raison de l'importance relative de la
fortune, sans que ce soit blessant pour personne.

Or, ce qui est légitime pour les intérêts civils ne
l'est pas moins pour les intérêts politiques.

Le classement du corps électoral en trois catégories
est donc aussi juste que rationnel.

L'élection doit se faire par arrondissement, afin que le mandant puisse mieux connaître son mandataire et qu'il sache à qui il confie le soin de ses intérêts. On n'agit pas autrement pour ses affaires particulières.

De cette manière, y ayant trois catégories d'électeurs représentant chacune des intérêts divers non moins respectables les uns que les autres, chaque catégorie aura droit à un égal nombre de suffrages.

Et on ne peut pas dire avec raison que la troisième catégorie a droit a plus de suffrages à cause du plus grand nombre d'individus dont elle est composée, car, n'ayant que des intérêts bien minimes comparativement aux deux autres, le principal intérêt de chaque électeur de cette catégorie est surtout de représenter sa personne comme citoyen; tandis que les membres des deux premières catégories ont droit, comme ceux de la troisième, non-seulement de représenter leur personne, mais encore les immenses intérêts qui constituent la fortune territoriale, commerciale, industrielle et intellectuelle de la France, dont ils sont les légitimes possesseurs, et qui par là même font la force, la puissance et la gloire de la nation.

Il est donc évident que, tout bien considéré, le corps électoral partagé en trois catégories comme il vient d'être exposé ci-dessus, est un moyen indubitable de faire sauvegarder les intérêts par les ayants-droit et dans la mesure de leur importance relative.

Or, les trois catégories d'électeurs, représentant l'une comme l'autre des intérêts également importants, auront les mêmes droits dans les élections, c'est-à-dire le même nombre de suffrages à émettre : soit une voix par cinq cents habitants. La moitié du nombre de cinq cents habitants plus un, c'est-à-dire deux cent cinquante et un habitants, donnera droit à un suffrage de plus.

Dans les communes dont la population est inférieure à cinq cents habitants, chaque catégorie d'électeurs aura droit néanmoins à un suffrage, quelque réduit qu'en soit le nombre.

Dans chaque section électorale, il y aura trois urnes : une pour chaque catégorie d'électeurs. La carte de chaque électeur indiquera la catégorie à laquelle il appartient, et, par conséquent, l'urne dans laquelle sera déposé son bulletin de vote. Pour la validité de

l'élection, le candidat devra donc obtenir la majorité
des suffrages exprimés, c'est-à-dire la moitié plus une
des voix émises par les trois catégories d'électeurs.

Ce ne sera que lorsqu'il n'y aura pas eu d'élection
au premier tour de scrutin, qu'ensuite l'élection aura
lieu à la majorité relative des voix dans le scrutin de
ballotage, en se conformant au système suivi dans le
premier scrutin.

Et ce système par catégories d'électeurs peut trouver également son application soit dans les élections
départementales, soit dans les élections *municipales.*
Mais, dans ces élections comme dans les élections
politiques, les chiffres de l'impôt devront être dimi-
nués, au moins dans les communes au-dessous
de trois mille habitants. Dans ces dernières communes, les chiffres de 200 fr. d'impôts et au-dessus pour
la première catégorie, et de 50 fr. à 200 fr. pour la
deuxième catégorie, paraissent être assez élevés. Pour
la troisième catégorie, ce serait de 50 fr. et au-dessous jusqu'à zéro. Ceux même dont le nom n'est pas
inscrit au rôle des contributions auraient droit de
voter, pourvu qu'ils n'aient pas subi de condamnation

pour quelque crime ou délit, et qu'ils aient vingt-cinq ans révolus et un an de domicile, comme pour les élections politiques.

Et pour que le suffrage universel soit un moyen certain de connaître l'opinion de la nation, il faut que les votes soient obligatoires ; car tout droit, et surtout celui de se prononcer sur les grands intérêts de la France, entraîne avec lui des devoirs.

Il est donc logique et juste que tout électeur ait l'obligation de déposer son vote dans toutes les élections ; et cela, sous peine d'une amende, équivalente, la première fois, au quart de l'impôt payé par l'électeur, à partir de 10 fr. et au-dessus, et d'une journée de prestation pour celui qui paierait moins de 10 fr., ou dont le nom ne figure pas au rôle des contributions ; — la seconde fois, équivalente à la moitié de l'impôt, ou à deux journées de prestation pour celui qui ne paie pas 10 fr. d'impôts ou dont le nom n'est pas inscrit au rôle ; — la troisième fois, l'électeur, à quelle catégorie qu'il appartienne, perdra son droit de voter et sera rayé de la liste électorale pour dix ans, à partir du jour de la dernière élection.

Un jury, composé du maire de la commune ou de son adjoint, de trois conseillers municipaux et de trois des plus forts contribuables, sera établi dans chaque section électorale et jugera, en dernier ressort, des causes d'empêchement que l'électeur absent pourra mettre en avant pour justifier son abstention.

Tel est le système de loi électorale pour les élections soit politiques, soit départementales et municipales, que j'ai l'honneur de soumettre à la haute sagesse et au patriotisme de Monsieur le Président de la République, de Messieurs les Ministres, de Monsieur le Président de l'Assemblée nationale, de Monsieur le Président de la Commission constitutionnelle des Trente, et de Messieurs les Députés, sauf à trouver un autre projet à la fois plus juste, plus libéral et plus pratique.

Bordeaux, le 12 mai 1874.

L. M.,
Cours des Fossés, 3.

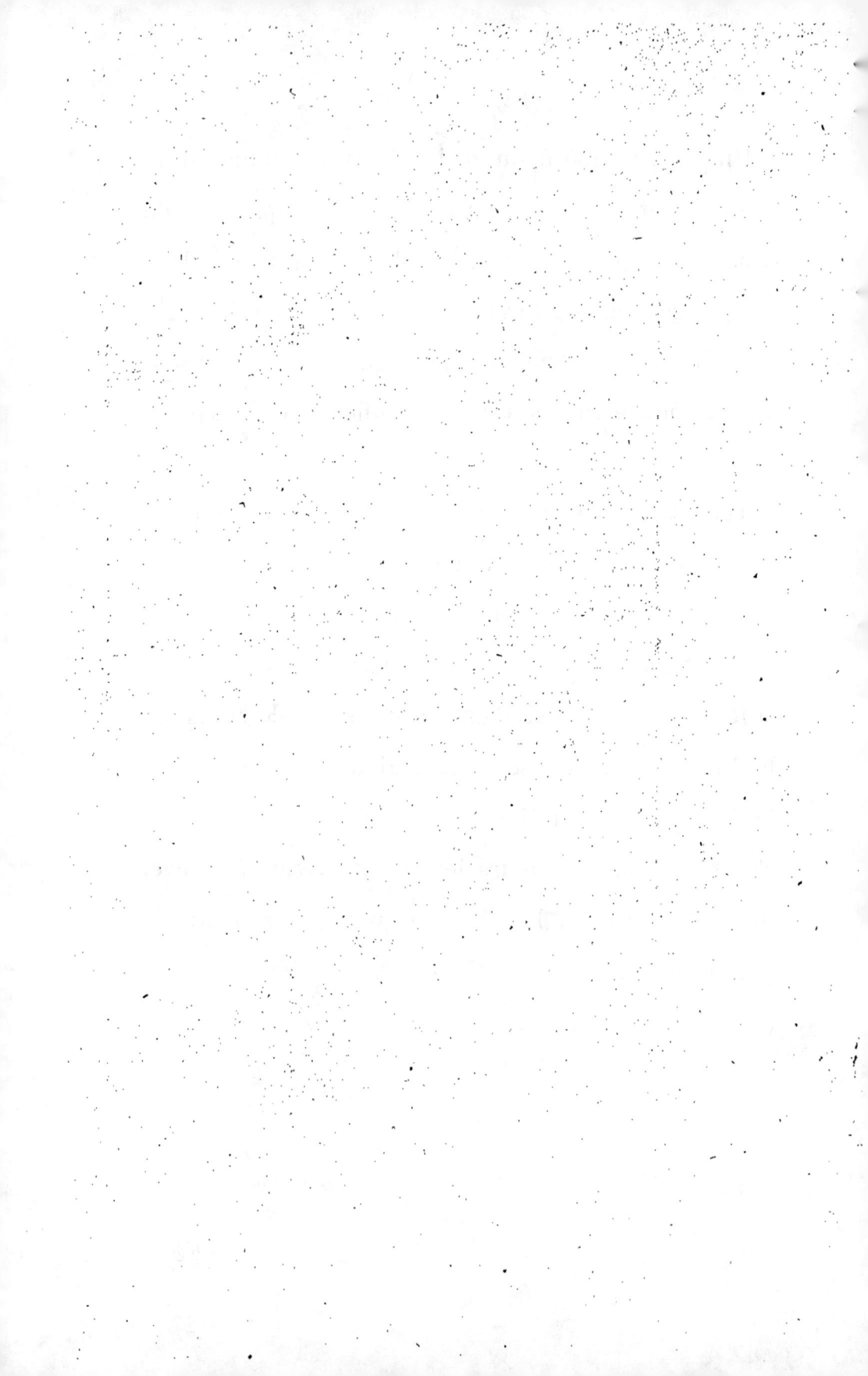

www.ingramcontent.com/pod-product-compliance
Lightning Source LLC
Chambersburg PA
CBHW060731280326
41933CB00013B/2595